Robert de la Sizeranne

Le Sentiment décoratif aux Salons de 1906

Critique

ISBN : 978-1720619932

10 9 8 7 6 5 4 3 2 1

Robert de la Sizeranne

Le Sentiment décoratif aux Salons de 1906

Critique

Table de Matières

Introduction

« Tiens, tais-toi, tu n'es qu'un décoratif ! » — Cette suprême injure, que Gustave Doré jetait un jour pour clore une discussion, à quelque contradicteur, montre assez le peu d'estime qu'on avait, il y a cinquante ans environ, pour ce qu'on appelait les « arts mineurs. » Il était entendu que la décoration était une forme inférieure de la peinture ou de la sculpture et que le sentiment qui l'inspirait n'était point de ceux qu'on se vantait de posséder. En cinquante ans, quelle évolution singulière ! Ou plutôt quel renversement de tous les termes de la question ! Non seulement les œuvres où triomphe l'art appliqué sont entrées dans les salons de peinture et y occupent les meilleures places ; non seulement ces salons sont devenus de véritables appartements meublés où l'on pourrait dormir, manger, boire, se chauffer, écrire et faire sa toilette, mais encore les tableaux eux-mêmes et les statues, les œuvres d'art qualifiées de « beaux-arts » se réclament de l'épithète jadis tant méprisée. Sous une foule de tableaux, se lisent en manière d'éclaircissements : « Panneau décoratif » — « Modèle de tapisserie » — « Décoration pour une salle, du Capitole de Toulouse » — « Panneau décoratif pour le buffet diplomatique de l'Elysée » — « Décoration pour une salle du Parlement de Rennes » et, sous un groupe sculptural, cette justification : « Rêvé pour une maison du peuple. » On se pare, comme d'un titre, de ce qu'on repoussait comme une injure. Ce qui fermait jadis l'entrée des salons à tels grands artistes, Barye, par exemple, sert aujourd'hui de laissez-passer aux plus médiocres, et, devant les toiles mêmes qui n'ont rien de particulièrement adapté aux exigences ou aux conditions d'un monument moderne, on entend s'écrier, en matière de suprême éloge : « Comme c'est décoratif ! »

Cette réaction est un peu excessive. Et de même qu'il ne fallait point proscrire du grand art, une œuvre, parce que, d'aventure, elle pouvait servir à quelque chose pour l'ornement ou le confort de nos demeures, de même ne suffit-il pas que ce confort ou cet embellissement soit invoqué pour rendre dignes du grand art les objets les plus hétéroclites que la fureur de compliquer la vie nous pousse à encombrer nos appartements. Et pas plus qu'autrefois le sentiment décoratif n'empêchait nécessairement une œuvre d'être pour les yeux une joie profonde, il ne suffit aujourd'hui à transformer en chef-d'œuvre tout ce qui en prend l'étiquette ou en invoque l'utilité. Pourtant, c'est bien là ce qui, dans le désarroi ou la lassitude de tous les autres sentiments d'art, demeure le plus fécond et le plus neuf. Que les salons de 1906 soient fort médiocres, au total, c'est ce que nul, parmi les esprits curieux d'impressions fortes ou d'impressions nouvelles, ne contestera. Qu'ils ne nous révèlent — au moins, dans la peinture — aucun talent nouveau, et que, dans le genre où triomphe d'ordinaire l'art français : le portrait, ils nous montrent presque tous les maîtres inférieurs à eux-mêmes et pas un seul en progrès, c'est ce que chacun de nous peut aisément apercevoir. Mais partout le sentiment décoratif s'affine. Dans l'anémie universelle qui consume les talents ou l'ataxie qui les projette en mouvements désordonnés, ce sentiment, si rare chez les peintres du XIXe siècle, inspire des œuvres de plus en plus précieuses. Il anime, au Salon de l'avenue d'Antin, les grandes pages murales de M. René Ménard, et, au Salon des Champs-Elysées, celles de M. Henri Martin. Il inspire, des deux côtés, une foule de paysagistes, en les ramenant vers les pays et les cités où les profils des montagnes, des arbres, des maisons elles-mêmes, s'abaissent sur l'horizon en masses naturellement équilibrées, en arabesques largement tracées, selon les lois obscures, mais infrangibles de la décoration. Il dresse, dans la sculpture, le magnifique groupe de bronze de M. Landowski.

Il pénètre enfin dans les centaines de vitrines où flottent les reflets de ces mille choses précieuses, inutiles et fragiles, signées Lalique, Dammouse, Delaherche, Lenoble, Brateau, Bigot, Pierre Roche, Drewes Kofoed, Decœur, où, des matières les plus communes, d'un peu de terre, d'un peu de plomb, d'un peu de fer, de quelques poussières également ternes et grises, l'âme de l'artiste et le feu ont fait des trésors minuscules pour la main et d'infinis enchantements pour les yeux. Au passant attristé par le défilé incohérent et monotone des toiles, nous demanderons de ne pas juger du présent ni de l'avenir, avant d'avoir longuement fait le tour de ces petits îlots de cristal : les vitrines. Quand il l'aura fait, il sera plus heureux et plus juste. Il connaîtra que, sur un point, au moins, la France maintient son prestige. Et il se félicitera que les Salons, à la fin du XIXe siècle, aient ouvert leurs portes à ce tard venu, à ce frère mineur des beaux-arts si longtemps demeuré sur le seuil, à l'art décoratif accueilli par charité. C'est lui qui sauve, aux Salons de 1906, la vie et l'honneur de l'art français.

Section I

Ces Salons ne modifient pas la courbe qu'on serait tenté de tracer pour figurer l'évolution de l'art depuis une dizaine d'années. Sur tous les points les artistes s'y montrent indifférents aux mêmes choses, préoccupés des mêmes idées, attachés aux mêmes formules. Il n'y a pas, dans les deux Salons, une seule bonne peinture religieuse et, dans tout le Salon de l'avenue d'Antin, il n'y en a même pas un essai. Il n'y a pas davantage, dans aucun des deux, un bon tableau de batailles, et, avenue d'Antin, nul ne l'a même tenté. Aucun grand fait de l'histoire contemporaine, aucune fête publique, aucune solennité de la guerre, ni de la paix, n'a inspiré un grand artiste. Il semblerait qu'il ne s'est rien passé encore au XXe siècle qui soit digne d'être commémoré. Les grands drames déroulés pendant si longtemps à la pointe de l'Afrique ou au nord de l'Asie n'ont pas éveillé la moindre curiosité dans les meilleurs ateliers dont voici les œuvres. Ils n'ont ébranlé aucune grande imagination.

En même temps, les créations artificielles connues sous le nom de Symbolisme ont tout à fait disparu. Autant qu'à l'intimité de leurs sujets, les peintres tiennent à la réalité de leurs figures. L'étude attentive des spectacles silencieux et des effets rares, mais justes, occupe tous leurs désirs. Les figures de *l'Apocalypse* se sont évanouies, les ailes se sont repliées, les auréoles se sont éteintes. Des scènes de famille, des heures de recueillement, des sites de solitude, voilà les actions, les moments et les milieux choisis par tous, comme si, d'un bout à l'autre de ces salles immenses, circulait un mot d'ordre tout-puissant et secret.

Dans quel sentiment ces choses-là sont dites, c'est ce que l'examen des précédents salons nous faisait prévoir et ce que ceux-ci ne font que confirmer. C'est de moins en moins dans le sentiment impressionniste. Avenue d'Antin, les très vives et très harmonieuses sonorités de M. Lebasque et de M. Kœnig, de M. Maurice Denis sont des exceptions. L'ombre et la grisaille n'ont cessé d'envahir les toiles contemporaines, gagnant l'une puis l'autre, comme l'ombre, le soir d'un beau jour, gagne les maisons, les coteaux et les montagnes, ont fini par s'étendre, sur la plupart des salles de l'avenue d'Antin, comme une apparence de crépuscule, et triomphent tout à fait dans la salle consacrée à M. Carrière. Le Salon des Champs-Elysées conserve davantage de soleil, et, grâce aux toiles de M. Henri Martin, de M. Olive, de MM. Maurice et Paul Chabas, de M. Cooper, de M. Paulin Bertrand, de M. Bompard, de M. Gagliardini, de M. du Gardier, nous montre encore quelque chose des conquêtes de l'impressionnisme. Mais la plupart des jeunes artistes abandonnent les vifs effets de lumière diffuse pour rechercher, dans les grands partis pris d'ombre, les oppositions que l'impressionnisme avait pensé faire disparaître à jamais.

Cette réaction est regrettable, mais elle est naturelle. S'il était nécessaire de montrer, une fois de plus, que la technique impressionniste, utile et féconde appliquée à certains paysages et à certaines heures du jour, n'est nullement applicable partout et n'est, dans le portrait, qu'un embarras pour l'artiste, il suffirait de regarder, dans la Salle I de l'avenue d'Antin, celui de M. Barrère par M. Besnard. L'artiste est un des meilleurs coloristes de notre temps et certains de ses morceaux sont bien près d'être des chefs-d'œuvre ; mais toute sa finesse d'œil et toute sa virtuosité n'ont pu faire qu'une grande figure, en pied, sous une averse de lumière, dans un milieu très coloré, traitée par la méthode impressionniste, devînt un « portrait. » C'est une admirable harmonie de tons violents, et qui tous, sauf le rouge du grand-cordon de la légion d'honneur, s'accordent parfaitement. Certaines parties sont éblouissantes : le manteau noir où se voient toutes les couleurs, sauf le noir, le tapis, le fond de la boiserie, les broderies de l'uniforme, les plumes du chapeau ne sont qu'un échange de reflets merveilleux et qu'une apothéose du soleil. Mais l'homme disparaît tout entier dans l'enveloppement multicolore de cette gloire imprévue, et, lorsque les yeux, éblouis de flammes et d'or, remontent des pieds à la main, et de là, plus haut, cherchant à ce personnage des *Mille et une nuits* une tête, ils la découvrent sans doute au-dessus du cou, parce qu'ils savent d'avance que c'est là, d'ordinaire, qu'on la trouve, mais ils ne la perçoivent qu'en dernière analyse. Toute bariolée des reflets ambiants, effacée dans la lumière, aplatie sur le fond, faite de toutes sortes de réactions extérieures, elle est, dans ce personnage vêtu de flammes, la partie de beaucoup, la moins attirante et la moins solide. Si dense et si bien installé dans l'espace que soit l'ensemble peint par M. Besnard, la face n'a plus qu'une épaisseur de fantôme. Et il était bien difficile qu'il en fût autrement. L'échec ici est l'échec d'un maître et, par là, plus instructif que cent des réussites qui l'entourent. Déployant de telles magies de couleurs dans ce qui n'était que l'accessoire, pour donner au principal plus de relief et plus de lumière encore, il eût fallu que M. Besnard eût à sa disposition du radium. Et cet échec, même, n'empêche nullement son œuvre d'être une fort belle association de couleurs, mais si l'on admet que, dans un portrait, la tête passe avant le chapeau, les plis du visage avant les plis du manteau, l'éclat des yeux avant celui des boutons et des orfrois, en un mot, l'homme avant la défroque, — cette défroque fût-elle aussi somptueuse que celle d'un invité au Camp du Drap d'or, — il faut bien avouer que ce n'est point là un « portrait. »

A l'autre bout du salon, aux Champs-Elysées, on trouve la contre-épreuve fournie par le portrait de Sir William Harcourt, de l'anglais Cope, où le costume n'est pas moins somptueux que celui de M. Barrère. Mais la méthode est différente. Et sans rien excuser de la somptuosité du costume, sans mépriser les mains, le portraitiste s'est tout de même souvenu qu'il faisait un portrait. La tête de Sir William Harcourt, fortement détachée sur le fond, modelée sans faiblesse, épaisse, sanguine, vivante, attire tout d'abord le regard et prévient celui qui passe qu'il est en présence d'un être humain. Sans doute, en peignant cette œuvre, directement issue de la grande lignée des portraits anglais, M. Cope n'a tenté aucune des difficultés, ni cherché aucune des nouveautés qui rendent le portrait de M. Barrère à la fois moins parfait et plus intéressant. Mais il a réalisé ce qu'il a rêvé. Il a choisi la meilleure part et l'on peut chercher vainement parmi tous les portraits des deux Salons : elle ne lui sera pas disputée…

Ce n'est pas un impressionniste, non plus, qui a réalisé cette merveille d'adresse et de vigueur, qu'est le portrait de M. Mesnier, — car c'est M. Bonnat. Si rebelle qu'on puisse être à l'art de ce maître, on admirera comment il a simplifié, d'année en année, ses moyens d'expression, en atteignant, de jour en jour, une expression plus puissante : évitant les empâtements, réduisant la couleur à de simples frottis par où le modelé le plus efficace est suggéré.

Enfin l'œuvre qui, après celles de M. Cope et de M. Bonnat, nous met le mieux en présence d'un être humain et peut ainsi être qualifiée de « portrait » — celui de Mme Grosclaude par M. Marcel Baschet — ne doit rien aux trouvailles du « luminisme » ni du « divisionnisme. » Il n'a, en vérité, rien de neuf ni d'inattendu, quoiqu'il y ait toujours quelque chose d'inattendu à l'apparition d'un beau portrait, mais il réalise du moins pleinement ce que, sous ce titre, on attend. Rien, non plus, des techniques nouvelles n'a pénétré dans la facture de l'intéressant portrait de M. Lefuel par M. Monchablon, ni dans le très adroit portrait de Mme N. L. R… par Mme Laura Le Roux, ni dans une foule d'autres têtes pourtant très vivantes et très caractérisées. Les trouvailles de l'impressionnisme ont enrichi le paysage, la peinture décorative, les groupements de figures en plein air, mais elles n'ont servi presque de rien à l'expression humaine, et les jeunes artistes n'en profitent plus guère aujourd'hui.

Que cherchent-ils donc, et si ce n'est plus la peinture religieuse ou historique qui les attire, ni les créations symbolistes, ni les effets de l'impressionnisme, quelle forme nouvelle prend leur curiosité ? Et après ce qu'on pourrait appeler les « négations » des Salons de 1906, quelles sont leurs affirmations ?

Tout d'abord, c'est l'intimité des motifs et la sobriété de la gamme. Sauf les beaux Lutteurs de M. Giron, avenue d'Antin, et l'admirable *Triomphe d'un Condottiere* de M. Hoffbauer aux Champs-Elysées, on ne voit pas un seul bon tableau où se déploie une foule, où se déroule un événement. Au contraire, les meilleures toiles des deux Salons, c'est-à-dire, avenue d'Antin, celles de M. Simon : *Jour d'Été*, de M. Guiguet : *Espiègle, Enfant à la poupée. Portrait de Mme D.*, de M. Garrido : *A la Comédie*, de M. H. de Beaumont : *Etude dans l'atelier*, de M. Berton : *La Toilette après le Bain*, de M. Lobre : *Un salon Louis XV à Versailles*, et de M. Walter Gay : *Fin de déjeuner et la Bibliothèque*, sont des scènes intimes, des décors clos, des gestes sobres, ou même parfois le silence et l'immobilité. Avenue des Champs-Elysées, il en est de même et le *Dernier voyage* de M. Spenlove-Spenlove, le *Départ des Barques* de M. Henri Royer, l'*Après-Midi sur la Digue* de M. Fidrit, la *Nageuse* (*N° 350*) de M. Chabas, le *Retour de Kermesse* de Mme Duprez Van Elten, la *Ronde des petites Bigoudennes* de M. Doigneau, le *Music Master* de M. Congdon, les *Pèlerins d'Emmaüs* de M. Tanner, c'est-à-dire les toiles les plus intéressantes de l'immense défilé, sont toutes des impressions, soit d'intimité, soit d'émotion tranquille et simple, sans aucun événement extérieur.

Ceux qui sortent de ces jardins secrets et vont peindre en plein jour plantent immanquablement leur chevalet au bord de l'eau. Jamais l'eau dans la nature n'a été plus consciencieusement étudiée. On la voit au premier plan de presque tous les paysages, et, en entrant, dans l'un ou l'autre Salon, c'est ce qui frappe tout d'abord.

Jamais, à ce point, Venise, par exemple, n'avait attiré les peintres. Il y a peu d'années, M. Franc Lamy semblait la découvrir. Il remplissait les salles d'une exposition tout entière des multiples aspects qu'il avait cru y observer. L'an dernier, M. Pierre Vignal en faisait le sujet de plusieurs des admirables aquarelles qu'il exposait à la galerie Georges Petit. Cette année, M. Marcel Coignet en tapissait également deux salles de la même galerie et M. Maxime Dethomas, laissant aux autres les joies de la couleur, cherchait tout ce qu'on peut dire de Venise avec quelques traits au fusain, synthétiques et précis.

Enfin, les premiers paysages qu'on voit en entrant dans la salle I des Champs-Elysées, signés Maurice Bompard, portent ce titre suggestif « *Les Pierres de Venise* ». De même, avenue d'Antin, ce qu'on aperçoit tout d'abord, au haut de l'escalier, en entrant dans la salle X, sont les dômes et les lagunes de M. Iwill. Et le pèlerinage ainsi annoncé se poursuit d'un bout à l'autre des salons de l'avenue d'Antin, grâce à MM. Iwill, Eugène Vail, Gillot, Le Sidaner, Alfred Smith, Koenig et Bernard Harrison, et s'achève dans les salles des Champs-Elysées, grâce à MM. Bompard, Saint-Germier, Franc Lamy, Allègre, Duvent, G. Roullet, Isaïloff.

Il semble qu'un programme commun ait été imposé aux artistes et qu'ils se soient réunis en un concours sur un thème unique. Cette curieuse communauté de programme ne se voit pas seulement dans les sujets traités. Elle se voit encore dans les effets cherchés, d'un bout a l'autre du Grand Palais. Bien loin de se placer en pleine lumière comme ils le faisaient autrefois, et en plein midi, ces artistes se sont mis en route aux dernières heures du jour et ont tourné le dos au soleil au moment où celui-ci est le plus bas sur l'horizon, de telle sorte que ses rayons, quasi-parallèles au sol glissent au-dessus des premiers plans en laissant dans l'ombre la plus grande partie du paysage, et vont s'écraser sur le fond où ils trouvent quelque montagne, quelque muraille ou quelque forêt posée comme un écran vertical. Comme ces rayons, passant à travers le plus de poussières, sont rouges, ils semblent allumer au fond du tableau, sur toute la ligne d'horizon, un incendie inattendu. « Tourner le dos aux derniers rayons du soleil » semble un mot d'ordre qui a couru tous les ateliers. Nous lui devons de forts intéressants effets, mais c'est bien là, le triomphe du parti-pris, dont les écoles modernistes prétendaient avoir débarrassé la peinture.

Ce parti-pris se manifeste, d'ailleurs, encore plus crûment dans le goût qu'affichent nos jeunes peintres pour l'arabesque et la couleur en filaments, écrivant et répétant à chaque touche le dessin général et le grand contour de leur impression. C'était très visible, les années précédentes, chez M. Cottet. Ce l'est, cette année, au plus haut point, chez M. Dauchez, et chez M. René Ménard. Ils ont fait école et les contours précis et répétés de leurs masses de feuillage, et de leurs eaux, de leurs nuages, roulés en cumulus au-dessus de l'horizon, illustrent et justifient, d'une façon bien inattendue, le fameux mot tant reproché à Ingres : « La fumée même doit s'exprimer par le trait. »

Enfin la dernière affirmation des Salons de 1906 est la vitalité de la statuaire moderne. Avenue d'Antin, la *Jeune fille se coiffant* de M. Bartholomé, l'*Enfant espiègle* en bronze de M. Boncquet, le *Buste de Mme V.* par M. de Saint-Marceaux, et la *Mélancolie*, tête de marbre par M. Schwartz, témoignent assez de cette vitalité. Aux Champs-Elysées, le groupe de marbre intitulé Tendresse de M. Peyre, la *Danaïde* de M. Hannaux, le groupe de plâtre intitulé *Aveugle* de M. Fernand David, suffiraient à justifier un séjour chez les sculpteurs de 1906. Une autre œuvre le rend nécessaire : le groupe en bronze des *Fils de Caïn* par M. Landowski, hier encore élève de l'École de Rome et qui expose pour la première fois au Salon de Paris.

Regardez-les partir, les fils de Caïn pour la conquête du monde, générateurs de toutes les races et de tous les progrès, de tous les peuples qui s'entre-tueront, de toutes les idées qui se contrediront, porteurs de toutes les misères, de tous les rêves. Le pâtre, dressé de toute sa hauteur, construit, comme un homme du Latium, frère de ce grand bronze trouvé dans les fondations du Théâtre National à Rome, et qu'on voit aujourd'hui, appuyé sur son bâton, aux Thermes de Dioclétien ; le poète, aux longs cheveux et à la barbe tombante, courbé, par l'âge et par la pensée, sur un bucrane aux cornes géantes qu'il a transformé en une lyre et dont il essaie de tirer quelques sons ; l'ouvrier, vêtu d'un long tablier de cuir, qui porte avec précaution dans sa main gauche un objet, peut-être du feu, qu'il protège de sa main droite tout en marchant.

Ces trois hommes ont déjà le port et prennent déjà le pli qui les marquera jusqu'à notre ère. Chacun a l'âge de sa fonction et de son geste. Le pasteur est toujours jeune : c'est un paysan et le paysan tourne toujours son visage vers l'avenir. Il ne transforme rien instantanément sous ses mains, comme l'ouvrier. Il ne crée rien, d'un mot, comme le poète. En toute chose, il a besoin de la collaboration des saisons et du temps, et bien que les saisons où il marche, lui réservent des déceptions et des désastres, il n'est aucun bien qu'il n'espère de leur venue. Tandis qu'il va, la terre travaille. Chaque jour, en passant, apporte quelque chose. Les troupeaux croissent, l'herbe grandit. Le temps, qui apparaît aux autres comme occupé à détruire, lui apparaît occupé à tout mûrir et à tout multiplier. Il a l'illusion tenace, l'éternelle espérance. Pour lui, l'heure bonne est l'heure qui vient…

C'est l'heure qui s'en va pour le poète. M. Landowski a eu raison de figurer le sien sous l'aspect d'un vieillard qui se courbe. Le poète est toujours vieux. Il a toujours l'âge de l'humanité entière qui l'a précédé, et se croit venu trop tard dans un monde en décadence. Il imagine sans cesse un âge d'or, le relègue immanquablement dans le passé et, l'ayant imaginé ainsi et ainsi relégué, le pleure. C'est une étrange manie des penseurs de tous les temps que de croire le temps où ils vivent très avancé, très près de la fin du monde, de se croire eux-mêmes entrés fort avant dans le secret des ressorts de l'âme humaine, trop savants pour être heureux et très désabusés, parce que, d'aventure, leur voisin a trouvé quelque chose qu'ignoraient leurs pères, et qu'ils ont eux-mêmes perdu quelque illusion. Ils ne songent pas à l'infinité des choses qu'il leur reste à découvrir dans la nature et en eux-mêmes, aux multiples mirages qui les attirent encore et leur dérobent encore ce qu'ils sont, où ils vont et ce qu'ils font. Le père des poètes commence le geste qu'ils continueront tous. Pendant que son frère l'ouvrier s'imagine tenir dans ses mains la suprême trouvaille de la science humaine et que son frère, le pasteur, marche, confiant, prendre possession de la terre, voici que courbé sur sa lyre à peine inventée et façonnée de ses doigts malhabiles, le petit-fils d'Adam pleure déjà, nous pouvons en être sûrs, le paradis perdu.

Enfin, d'âge mûr et de geste réservé, voici l'ouvrier, le savant aussi, celui qui a trouvé quelque chose, qu'il porte, qu'il préserve, qu'il va transformer en une autre matière plus serviable et plus parfaite. Il ne se redresse pas, regardant au loin l'avenir, comme le paysan. Il ne se courbe pas sous le poids du passé comme le poète. Il est l'homme du présent : ne regrettant rien des âges qui l'ont précédé, qui ne lui ont rien légué d'aussi utile que la chose qu'il vient à l'instant de découvrir, n'espérant rien du temps à venir qui ne pourra que détruire sa trouvaille, mais non la faire croître ni la multiplier. C'est l'homme le plus assuré en sa propre force et le plus fier de vivre à l'heure présente.

C'est le plus réfléchi aussi et le plus concentré sur un objet du globe et sur une force mystérieuse de la nature qu'il observe, pour la dompter. Le pasteur ouvre de son geste immense un espace qui recule et regarde toute la surface de la terre. C'est le ciel, tout entier, qui roule dans les pensées du poète. Lui, le savant, dès son premier effort, manie les obscurs produits du feu, tirés du sous-sol, — la région où nos pères plaçaient l'enfer. Il soulève déjà le couvercle de la boîte terrestre pour voir ce qu'il y a dedans.

Chacun des trois fils de Caïn fait un pas et de ces trois pas faits ensemble, les premiers sur la route infinie des hommes, le mieux marqué par l'artiste, le plus décisif est celui du pasteur. C'est une figure qu'on n'oublie plus. Sans vêtements, ni outils, armé seulement de la branche d'arbre qui lui sert de bâton, sans rien qui marque une intention, ni qui suggère une anecdote, elle ne doit qu'à sa structure et à son geste le caractère saisissant de force et de jeunesse qui la fait régner sur le troupeau monotone des marbres et des plâtres épars dans les ombrages et parmi les prairies des Champs-Elysées.

Section II

Ainsi marqué magnifiquement dans la statuaire, c'est dans les quatre panneaux de M. René Ménard et de M. Henri Martin, — destinés les premiers à la Sorbonne, les autres au Capitole de Toulouse, — que triomphe surtout le vrai sentiment décoratif.

De quoi est fait ce sentiment, c'est ce que permet d'indiquer l'observation même rapide des conditions qui l'inspirent. Elles ne sont pas du tout les mêmes, selon qu'il s'agit d'une décoration murale ou d'un tableau de chevalet. L'artiste, qui fait un tableau, part d'un sujet à reproduire ou d'une impression à réaliser. L'artiste qui fait un panneau décoratif part d'un espace à remplir. Le premier décide la forme, les dimensions et les effets de son tableau d'après le sujet ou l'impression. Il crée pour cela l'espace nécessaire. Le second se trouve en face de formes et de dimensions données : d'après elles il décide le sujet, l'effet, la composition, la couleur. La raison d'être d'un panneau, dans l'art pur, c'est un sujet. La raison d'être d'un sujet, en art décoratif, c'est un panneau. S'il n'a pas un sujet à traiter, l'artiste n'a point l'idée de faire tendre la toile ou assembler les panneaux, car ce *substratum* réduit à lui-même ne peut servir de rien. Tandis que sans aucune peinture, un mur existe, il sert à quelque chose, il est même indispensable : de même un plafond, des portes, des fenêtres, une baie vitrée, des rideaux. Ils n'ont point été faits principalement pour recevoir les décorations du peintre, du verrier, du tapissier ou du stucateur. Il y a donc, dès l'abord, une différence très précise entre l'art décoratif et l'art tout court. Celui-ci crée l'objet sur lequel il se déploie. Celui-là décore un objet qui, sans lui, est créé déjà et déjà remplit le même but.

Cet objet, s'il s'agit de peinture, est d'ordinaire un mur. Et comme ses proportions n'ont nullement été calculées pour servir au sujet ou à l'impression du peintre, le peintre est bien obligé de calculer son sujet et d'accommoder son impression aux proportions qu'il trouve devant lui. Si le hasard fait que ces proportions conviennent justement au sujet d'un tableau, et que le recul soit sensiblement égal à celui qu'il faut pour voir une toile des dimensions indiquées par le sujet, cette première grande différence s'efface. Mais, c'est assez rare. D'ordinaire l'espace à décorer, s'offre sous les apparences d'un carré oblong sur les grands côtés de la pièce, de panneaux en hauteur sur les petits, ou bien de longues bandes horizontales sur les frises, et s'étend sur un espace beaucoup trop vaste pour que, même en se reculant à l'autre bout de la pièce, on puisse l'embrasser, comme on fait un tableau, d'un seul coup d'œil. Là, est le point de dissemblance, la ligne frontière. De là, vont dériver des lois qui sont rigoureuses, mais qui n'ont rien d'arbitraire, parce qu'elles sont les conditions mêmes de notre organisme visuel. En effet, si nous ne pouvons pas, d'un seul coup d'œil, embrasser toute la composition d'un panneau décoratif, il est inutile que cette composition soit centralisée et que, d'un bout à l'autre, toutes les figures concourent à son unité. Et en même temps, comme toutes les parties de la décoration peuvent être, tour à tour, l'unique objet de notre attention, il est nécessaire que même les plus lointaines du centre offrent un égal intérêt à la vue. Ainsi, la concentration du sujet au milieu du cadre qui est la première loi de la composition dans un tableau, parce qu'elle est l'opération même de notre regard devant une scène qui nous intéresse, se trouve devenir un défaut dans un grand panneau décoratif. Elle doit être remplacée par la dispersion du sujet et par la répartition des figures d'égal intérêt dans toutes les régions de l'espace à regarder. Le sujet peut encore être unique, mais il ne peut plus se composer de parties réagissant étroitement les unes sur les autres et ne vivant que les unes par les autres. Il faut que le regardant, partout où il se porte, trouve un ensemble qui se suffise à lui-même et n'ait pas besoin, pour s'expliquer telles figures ou tels gestes de telles autres figures ou de tels autres gestes qui se montrent vers sa gauche, vers sa droite ou même derrière lui. Cela n'exclut ni la coordination entre les parties, ni la vie. Mais cette coordination et cette vie sont semblables à celles des organismes inférieurs, que l'on peut scinder où l'on veut sans leur porter un coup mortel, plutôt qu'à celle des organismes supérieurs où tout se tient dans un si étroit rapport que rien ne peut se retrancher sans que tout soit perdu.

De ce que le panneau décoratif se développe sur une longueur impossible à embrasser d'un seul coup d'œil et enveloppe même parfois le spectateur, il suit encore une autre condition : c'est que le point de vue d'où il est considéré n'est pas unique. Le peintre ne l'impose pas au spectateur par les dimensions de son cadre : il le subit. Le spectateur se met où il veut, où il peut et, selon les côtés où il se place, il voit la peinture sous des angles tout différents. Il ne faut donc pas qu'elle contienne des lignes perspectives qui ne seraient justes que prises d'un seul point de vue, par exemple, des lignes partant du premier plan et s'enfonçant vers l'horizon, montant ou descendant vers le « point de fuite » — pas de colonnades en perspective fuyante, pas de maisons, pas d'allées, de balustres, de balcons, et même le moins possible d'objets géométriques vus en raccourci. Il faut, en un mot, que toutes les lignes longues, que tous les objets de grandes dimensions paraissent de profil et non de face, selon un plan perpendiculaire et non selon un plan quasi parallèle au rayon visuel ; que les choses défilent sur le mur et non qu'elles semblent en sortir ou s'y enfoncer. De la sorte, quel que soit le point d'où l'on regarde la décoration, ses lignes seront justes, car à mesure que l'on progressera le long du panneau, elles prendront d'elles-mêmes l'inclinaison en perspective convenable tout comme les lignes des plinthes ou du plafond. Ainsi, les deux premières lois du panneau décoratif : qu'il y ait partout quelque chose d'intéressant à voir et que cette chose puisse être vue de partout, n'ont rien d'arbitraire puisqu'elles sont, voulues par le rapport de noire champ visuel avec une surface qui dépasse de beaucoup l'étendue de ce champ d'impressions et elles sont impératives car, à moins de changer nos yeux, nous ne pouvons y échapper.

Décorer n'est pas faire disparaître. Il n'est pas, d'ordinaire, dans les intentions des constructeurs d'une maison de faire oublier qu'on est dans une maison, d'une salle qu'on est dans une salle, sous un plafond, entre des murs, et que cette salle est carrée, par exemple, ou oblongue, ou circulaire. Et ici, nous touchons à une troisième différence, qui est capitale, entre le tableau et le panneau décoratif. Car, dans un tableau, il ne s'agit nullement de décorer une surface et il n'y a aucun inconvénient à la faire disparaître. Au contraire, plus l'artiste fera disparaître l'impression d'un objet plat et uni, plus il creusera l'espace, plus il reculera l'horizon, plus, en un mot, il fera de la peinture « concave, » comme Fromentin le dit de Rembrandt, plus il remplira le but de son art, qui est de nous transporter bien loin du cadre où son œuvre est renfermée. Devant un tableau, il ne faut pas qu'on pense à la toile, à cette surface plane qui limite notre vision. Au contraire, devant la décoration d'un édifice, nous devons nous souvenir que l'édifice existe, qu'il a telle forme, et que cette forme est limitée par un mur. Il ne faut donc pas faire de trous dans ce mur. Les effets de Rembrandt, par exemple, sont le type de ce qu'il faut éviter, et, avec eux, tous les violents contrastes de valeur, qui donnent, sur un point, l'impression d'un grand relief ou d'une grande profondeur. Il n'est nullement besoin, pour cela, que toutes les figures soient sur le même plan ou que le paysage n'en ait qu'un, comme un talus de chemin de fer, mais seulement que les différents plans s'étagent ou s'éloignent graduellement et que, dans la répartition des masses d'ombre et des lumières, il n'y ait pas de telles masses obscures, ni de tels centres lumineux, qu'ils semblent des trous béants sur un puits de mine ou des lucarnes ouvertes sur le ciel. De même les figures, si elles ont trop de relief, paraissent sortir du mur, et, ainsi, rompent l'impression de surface plane et partout égale que le panneau décoratif doit donner pour rester une décoration.

Si l'on observe ces lois, du même coup on satisfait à une autre, qui est un peu moins générale, mais qui n'est pas moins impérieuse : le calme dans les figures et la sérénité dans reflet. Elle est moins générale parce que, tandis que les autres s'appliquent dès qu'il y a édifice et décoration, celle-ci ne s'applique dans toute sa rigueur qu'au cas où l'on doit vivre, d'une vie quotidienne, dans l'édifice où se trouve cette décoration. Et parce qu'aussi nombre de chefs-d'œuvre, comme le *Paradis* ou le *Jugement* ou *la Victoire de Constantin*, ou le *Châtiment d'Héliodore*, qui ornent des pièces où l'on ne vit point, démentent cette loi, longtemps elle a été méconnue par les décorateurs. En effet, si l'on n'habite pas la salle décorée, si l'on ne fait que s'y assembler parfois pour quelque cérémonie ou y rendre quelque visite solennelle et pressée, il importe peu que les figures placées par l'artiste y jouent des scènes dramatiques et passionnées. Mais, à la longue, des gestes violents, des scènes de carnage ou de transport, des grappes humaines, des chairs pantelantes, des yeux convulsés, étalés et répétés sur tous les murs d'une salle, de telle sorte que si on lève les yeux on ne puisse manquer de les voir, rendent un lieu inhabitable. Les mêmes scènes et les mêmes gestes, restreints aux dimensions d'un tableau, dont on s'approche si l'on en a envie et qu'on ne regarde point quand on n'est point curieux d'impressions violentes, peuvent être admirables dans un tableau de chevalet et insupportables dans une décoration. C'est encore ici une question de dimensions, sans plus, et les théories, qui méconnaissent que la dimension joue un rôle capital et trace la vraie frontière entre l'art pur et l'art décoratif, méconnaissent la condition première de cet art. Tout autre chose est l'œuvre qu'il faut aller regarder pour la voir ; autre chose est celle qu'on voit sans la regarder, qui s'impose, qui enveloppe, comme l'air que, sans le vouloir, on respire ou la rumeur qu'on entend, sans l'écouter, venue de la forêt ou de la mer.

Dans le premier cas, peu importe la violence des attitudes : les plus violentes seront peut-être les plus belles et elles n'agiront sur les nerfs qu'autant qu'ils voudront s'y livrer. Dans le second, ce sont des impressions calmes et reposées qui sont requises, des gestes sobres ou lents, des attitudes faciles et sans rien de tendu, de contracté, ni d'éphémère. Toute violence prolongée devenant monotone, tout effort qui ne se résout pas devenant à la longue ridicule, il faut que les figures avec lesquelles on doit longuement vivre s'interdisent jusqu'à l'apparence de la violence et de l'effort. Il en est des figures dans l'art décoratif comme des âmes humaines dans la vie : les violentes et les passionnées peuvent être les plus belles un jour ; ce sont les calmes et les recueillies, seules, dont l'aspect quotidien ne lasse jamais.

Si l'on passe à la couleur, les différences entre le tableau et le panneau décoratif, quoique moindres, subsistent encore. L'artiste peut choisir, à sa guise, la gamme générale : haute ou basse selon son tempérament. Mais une fois choisie, il faut qu'il s'y tienne dans tout l'ensemble de son panneau, sans tirer çà et là, quelque feu d'artifice qui attache sur un point, au détriment de tout le reste, le regard du spectateur. Par conséquent, pas de trop vifs contrastes, pas d'accumulations, pas de couleurs chantantes dans un coin, ni même au centre, tandis que dans tout le reste des panneaux, les autres couleurs psalmodieraient à peine ! S'il y a contraste entre les différents plans, que ce contraste, s'étendant d'un bout à l'autre de la décoration, se résolve partout en une même harmonie.

Ainsi, moins organique, moins passionné, moins contrasté que l'art pur, on voit que l'art décoratif est, en définitive, moins vivant ou qu'il vit d'une vie moins ardente. Que ce soit une raison de le mettre plus ou moins haut dans la hiérarchie des beaux-arts, c'est, là, une question toute théorique. Mais, pratiquement, c'en est une tout à fait décisive pour s'y interdire des recherches trop réalistes et pour proscrire tout trompe-l'œil. Si, dans un tableau, il peut y avoir, jusqu'à un certain point, imitation de la nature, dans une décoration on est fatalement conduit à une transposition de la nature. L'artiste qui fait un tableau lutte avec plus d'avantage sur le terrain de l'imitation, parce qu'il lutte sur un terrain beaucoup plus circonscrit. Il prend un petit coin de ce qu'il voit, l'encadre dans un cercle ou un carré d'or qui l'isole et dans ce coin, choisi par lui, peut s'efforcer de créer une illusion. Le décorateur, se mouvant dans le contact des portes, des fenêtres, des frises, ne peut y prétendre. Il ne peut arranger les choses autour de sa peinture comme un cadre, puisqu'il faut qu'il arrange sa peinture autour des choses, sur les choses, en communion avec les choses et qu'elle enveloppe le cadre au lieu d'en être enveloppée.

Enfin, au lieu que nous la puissions envelopper toute d'un regard, elle nous enveloppe nous-mêmes. Elle nous entoure comme un paysage ou une foule. De quelque côté que nous nous tournions, nous la sentons présente. Il faut donc, aussi, que nous la sentions bienfaisante et favorable à nos pensées. Le mieux serait que nous puissions les y loger toutes, tour à tour, comme nous le faisons, dans un paysage aux lignes calmes, ou, en des figures lointaines, silencieuses et discrètes. C'est pour l'avoir compris que fut si grand, malgré ses défauts, Puvis de Chavannes.

Ici, dans les quatre panneaux décoratifs de MM. Henri Martin et René Ménard, toutes les lois que nous avons observées se vérifient. Les longues lignes sont toutes horizontales ; les différents plans se superposent d'un bout à l'autre des compositions sans ligne fuyante qui les réunissent ; les figures dispersées à peu près également et les motifs d'intérêt également distribués permettent à l'attention de se fixer partout avec la même force. Les attitudes sont simples, les gestes aisés et quoi que fassent les groupes, le même rythme semble les animer. La gamme des couleurs, bien que très haute dans les panneaux de M. Henri Martin, n'attire l'œil sur aucun point particulier : les sonorités chantent également partout, et la gamme des valeurs, beaucoup moins étendue, n'offre aucune dissonance, aucune violence dans aucune partie des panneaux. Il n'y a, nulle part, de trouée ni de relief, mais partout, à une distance égale, un fond semblable, une atmosphère d'air, de lumière, qui enveloppe le spectateur comme celle d'une belle journée d'été. En effet, c'est l'été, du moins dans le panneau central. Il faut entrer par la salle en rotonde, la salle XV. On s'avance ainsi à la rencontre des *Faucheurs*. De loin, il semble que la salle soit toute traversée par de grandes hachures de soleil. Droits dans cette lumière, des peupliers s'échelonnent d'un bout à l'autre de la prairie ; leurs longues ombres se renversent sur l'herbe épaisse, et, marchant en ligne, les faucheurs courbent leur silhouette ombrée, portant à peine au bord de leur chapeau un liséré de soleil. Ils sont tous au bout du geste qui a tranché les tiges, leurs faulx ramenées à leur gauche, le fer embarrassé et disparu sous les paquets d'herbe coupée, aussi rythmés dans leur marche que le sont, dans leur danse, les enfants qui commencent une ronde en se tenant par le bout des doigts.

On éprouve, dans sa plus grande intensité, l'impression d'une chaude journée finissante, lorsque le soleil, s'abaissant derrière les coteaux violacés, enflamme de ses rayons obliques la parure la plus riche que la terre puisse porter. En cette saison, qui n'est pas encore celle de la cueillette, mais qui est déjà celle de la récolte, tout travail semble un jeu, toute peine est récompensée. La terre a enfin livré son secret, gardé pendant les jours de brouillard et les longues nuits d'hiver. Le poids de la journée s'allège et nul ne s'étonne de voir les robes claires des enfants palpiter, comme d'immenses ailes de papillons, dans la lumière. Mais cette heure précieuse s'écoule insensiblement et se verse, minute par minute, dans l'heure qui va suivre. Insensiblement aussi, goutte à goutte, feuille à feuille, touche par touche, les arbres, les eaux, et les ciels prennent, tour à tour, les couleurs du printemps, de l'été et, avant l'hiver, de deux successifs automnes. Sur la trame toujours semblable de ses grandes lignes, le paysage de M. Henri Martin mue indéfiniment. Tout à la fois s'échauffe et se refroidit, se dresse et se recourbe, naît timidement, s'épanouit et se dessèche : les arbres, les herbes, les troupeaux et les âmes. Les hautes tiges des peupliers s'allument au printemps et flambent, en été, de toutes leurs flammes vertes, dont il ne reste plus à l'automne que le support, le chandelier d'or puis de bronze, laissé çà et là comme le vestige d'une inoubliable fête. Les feuilles aussi, naissantes et frileuses dans les premiers panneaux, toutes tendues, pleines de suc, vernissées et bruissantes comme des insectes, dans le panneau du milieu, se dorent, puis se rouillent, puis tombent une à une, couvrir l'herbe rasée. Voici l'automne. Les feuilles ne nous cachent plus le ciel : elles nous cachent la terre. C'était un rideau : ce n'est plus qu'un tapis.

Regardons-le bien, ce faucheur, pendant qu'il correspond à quelque réalité encore, car il accomplit dans ce panneau, comme au fond de nos campagnes, un véritable rite esthétique, — et disons-lui adieu : « Faucheur, c'est ta dernière récolte. On entend déjà grincer dans les champs la savante machine aux dents de crocodile qui, sournoisement, frôlant la terre, coupe l'herbe sans qu'on perçoive rien que le claquement sec de ses mâchoires de fer. Les mêmes choses se feront, mais sans un geste. La même vie se poursuivra, mais sans beauté. Les herbes tomberont comme tombent les hommes dans la guerre moderne — sans qu'on voie le fer qui les tue. Et ton geste, qui nous est si familier, deviendra, comme ton outil même, peu à peu incompréhensible. Symbole de la fatalité, tu n'échapperas pas plus que les autres à cette fatalité moderne qui, chaque jour, rend le geste de la vie humaine moins sensible, moins plastique et moins beau. Ton image ira rejoindre, sur les pendules, les allégories froides de Saturne, et les jeunes générations qui ne t'auront jamais vu manier ton arme étincelante, te confondront avec le ridicule vieillard dont on ne sait rien, sinon qu'il porte un sablier en sautoir et qu'il dévorait ses enfants. »

Des philosophes viendront sans doute nous expliquer que c'est fort bien ainsi, que l'homme, conducteur de la faucheuse mécanique, ou de la semeuse, ou de la moissonneuse lieuse, revêt, sur sa sellette, la dignité que donne le sentiment de centupler la force humaine et de dompter les éléments ; qu'aussi la beauté doit « s'intellectualiser » et ne point être seulement entendue des beaux développements du muscle ; que, d'ailleurs, peu importe le spectacle réel de la vie et du travail, pourvu que cette vie et ce travail élargissent et fortifient, comme l'a dit un de leurs plus grands poètes :

Le cerveau dont le rêve est plus beau que le monde ! Où peut-on voir ces cerveaux « dont le rêve est plus beau que le monde ? » Nous n'avons qu'à nous retourner. Les voici, justement, qui passent le long de la Garonne, par un chaud soir de printemps. Ils vont en file un peu flottante, comme des collégiens en promenade ou les pensionnaires de quelque établissement hospitalier : ce sont M. Jaurès, M. J.-P. Laurens, M. Henri Martin lui-même et d'autres méridionaux imaginatifs, qui ont poussé l'amour du sol natal jusqu'à le quitter pour le rendre plus célèbre à Paris. De l'autre côté du fleuve, une grande barrière de braise ardente ferme l'horizon : ce sont les quais de Toulouse, son port de la Daurade, ses maisons de briques rouges, ses monuments, ses églises, incendiés par le soleil couchant. Les hommes illustres suivent leur route parallèlement au fleuve, indifférents au phénomène. Ils ont tous l'air absent : ils semblent tous chercher quelque chose : seulement les uns le cherchent en l'air, les autres par terre. C'est l'unique diversité qu'on puisse imaginer à leurs curiosités, et que celui-ci soit un peintre, celui-là un poète et ce troisième un constructeur de cités chimériques, son nez levé vers le soleil rouge de ce « grand soir » ou pointé vers la terre ne nous le suggère en rien. Autrefois, si l'on voulait honorer les célébrités d'un lieu, d'un temps ou d'un art, on les assemblait sur les degrés de quelque temple, et on les assujettissait à des besognes ostentatoires et épineuses qui témoignaient, en même temps, de leurs préoccupations morales et de leur agilité. Un géomètre se précipitait, le crâne en avant, pour tracer à terre une figure dont l'urgence n'apparaissait pas avec évidence, et un philosophe faisait des prodiges d'équilibre pour écrire sur son genou, adossé à la paroi verticale d'un mur. M. Henri Martin a voulu rompre avec ces traditions fâcheuses. Sa tentative est louable, mais en face de ses *Faucheurs*, la silhouette de ses intellectuels est mince et leur geste étriqué. Il est possible que leurs « rêves » soient « beaux, » mais, eux, ils ne le sont guère. Leurs paletots jaunes, leurs houppelandes et leurs vestons ne deviennent point quelque chose de magnifique parce qu'ils recouvrent de grandes âmes, et nos yeux qui ne voient pas leurs âmes, voient leurs paletots. Et devant ces silhouettes uniformes, dues aux conceptions sans éclat de nos couturiers modernes, nous ne sommes guère plus renseignés sur leur visage, leur rôle et leur caractère que les prisonniers voyant défiler des ombres dans la caverne de Platon… Et cependant, c'est là une fort belle page décorative. Elle remplira son rôle, au Capitole de Toulouse, aussi bien que *les Faucheurs* qui, considérés comme tableau, paraissent infiniment supérieurs. Car elle ne détruira pas l'harmonie des grandes lignes de l'édifice ; elle affermira la sensation de calme et de stabilité par l'insistance horizontale de toutes ses masses principales. Par ses figures errantes le long du fleuve, selon un même rythme, simples et silencieuses, rien ne sera troublé. Il y a un fort contraste entre les couleurs du premier plan et celles du dernier, mais comme ce contraste est le même sur toute l'étendue peinte, il n'y a nulle part un trou, ni un éclat. Il y a opposition de couleurs entre les panneaux en hauteur : *le Pont de l'Église,* du côté où règne le crépuscule, et l'*Apparition au peintre* du côté où luit le matin, mais cette opposition entre les couleurs est ménagée par une transition fort longue et l'opposition entre les valeurs est presque nulle. Il est douteux que, depuis Puvis de Chavannes, on ait vu paraître un aussi bel ensemble décoratif.

On pensera la même chose, à la Sorbonne, en face des panneaux de M. René Ménard, le *Temple* et le *Golfe* en ce moment avenue d'Antin. Rien n'est plus éloigné, en apparence, des panneaux de M. Henri Martin. Ici, nulle figure, pas de soleil, pas de verdure, pas de couleurs vives, aucune joie de vivre ; mais des montagnes descendant lentement vers la mer, pâle tapis déchiqueté par les dents des sombres promontoires ; de gros nuages, roulés en cumulus, traînant leur poche, lourde de pluie et de grêle, sur la plate étendue des eaux ; et, posée sur tout cela, comme une grille, au premier plan, une colonnade toute droite parmi les restes écroulés d'un temple, rayant de ses lignes verticales et géométriques, les ondulations irrégulières et la masse oblique des rochers. Que ce soit là un souvenir des ruines d'Egine, ou non, peu importe : ce qu'on éprouve, c'est l'impression même du temple en ruines, la beauté tragique de ces colonnes abandonnées, qui ne protègent plus aucun front, qui ne jettent plus autour d'elles aucune ombre sainte, qui n'excitent plus aucune envie, — tout étonnées de demeurer debout encore quand tout ce qu'elles soutenaient a disparu, et de ne plus demeurer, dans l'écroulement de ce qui fut leur fardeau et leur gloire et leur raison d'être, que l'indice d'un plan humain parmi les travaux irréguliers de la nature et le signe qu'un Dieu a été servi là…

Section III

Le sentiment décoratif est, enfin, la qualité qui rend précieux aux salons de 1906 les objets d'art appliqué. Ils sont, de matière et de travail, en tout semblables à ceux des années passées. Ni en céramique, ni en verrerie, ni dans les arts du bois ou du fer, ou des métaux rares on n'a fait de nouvelles conquêtes de matière ou de couleur ou de « tour de main » comparables à celles qui marquèrent, de tant de cailloux blancs, la route suivie par les potiers, les verriers et les orfèvres à la fin du XIXe siècle. Les « flammés » remontent à 1877 ; les « lustres métalliques » sont presque aussi anciens ; les premières ce cristallisations » n'ont pas moins de vingt et un ans d'âge et les « marqueteries de verre » de Gallé ou les pûtes de verre de M. Dammouse, si elles étonnaient jadis par leur nouveauté, n'éveillent plus aujourd'hui aucune surprise. Nous avons tant vécu au milieu de ces prodiges qu'ils nous semblent tout naturels. Mais à défaut de surprise, nous éprouvons un charme plus sûr. Car les artistes, un moment éblouis et grisés par les découvertes de la chimie, n'avaient pas toujours aperçu très clairement les frontières de leur art, ni tâté du pied le terrain où la science leur persuadait de s'aventurer. Depuis quelques années, ils ont mieux pris conscience de leur rôle. Ils ont vu que le pouvoir de tout faire, en céramique par exemple, ou en joaillerie, ne leur conférait pas le droit de faire tout ; que, quelle que soit la richesse de la palette qu'on manie, il faut souvent ménager les couleurs, quand ce n'est plus par dénuement, du moins par sobriété ; et que, si malléable que soient devenus le fer, l'acier ou les bois mis sous la main de l'ébéniste, aujourd'hui, comme hier, la fin suprême de l'art décoratif est, non la nouveauté, mais le charme discret et l'utile beauté.

D'un bout à l'autre des salons, ce sentiment l'emporte. On compterait les objets où subsiste quelque vestige des floraisons serpentines qui envahirent les expositions de Paris en 1900 et de Turin en 1902. Les tronçons coupés du *modern-style* ne s'agitent plus dans les vitrines, et l'on peut, sans crainte de frôlements tentaculaires, s'aventurer dans la salle basse qui donne sur l'avenue d'Antin ou sur les balcons qui entourent le hall des Champs-Elysées.

Avenue d'Antin, toute heure est favorable pour cette visite. Mais si l'on veut voir vivre les pâtes de verre de M. Dammouse, c'est vers cinq heures qu'il faut les regarder. La devise de la cigale : « Le soleil me fait chanter » serait aussi celle qu'on pourrait inscrire sur ces fragiles petites choses, gracieuses au repos, mais vibrantes seulement quand un rayon de soleil les traverse : ce sont des coupes aux bords dentelés, des cornets, des plaques, de minces écuelles. Ce sont aussi des fleurs de nénuphar, diversement ouvertes, suspendues sur des couches de cristal comme leurs sœurs naturelles à la surface immobile des étangs ; des algues flottantes, rousses sur un fond d'eau d'un vert bleuâtre ; de fines coquilles plissées, posées sur le bord d'un plat, où évoluent de souples apparences de poissons ; ce sont enfin des fleurs de ronces, des anémones des bois, des chrysanthèmes, des capillaires, qui montent, invisibles, du pied des vases pour s'épanouir en tons ardents ou pâles sur leurs bords, et des papillons ou des libellules, posant discrètement sur ces fleurs transparentes, leurs transparentes ailes étendues. Ce qui donne à ces choses minces et fragiles un prix infini, c'est la profondeur des aspects qu'on y découvre. Les pâtes de diverses transparences, traversées diversement par le soleil, font paraître les poissons glissant dans l'émail ou les algues prises dans le verre à des profondeurs diverses comme sous les couches plus ou moins épaisses d'une eau pénétrée par la lumière. Et, en même temps, les transitions, les passages de tons sont dignes du plus subtil des coloristes : celui du bleu de cobalt au bleu de cuivre, par exemple, ceux des verts du grand plat aux poissons, les tons de mousse fraîche, d'orange mûre, de sable et d'algues ont des finesses, dues à l'instinct de l'artiste et au miracle du feu, que des coloristes désespéreront toujours d'atteindre avec de l'huile et des ocres séchées.

C'est ce qui a conduit, sans doute, M. Pierre Hoche, qui expose dans cette même vitrine, à choisir la pâte de verre colorée comme matière de sa plaquette *Pasiphaé* : morceau de sculpture d'un relief à peine sensible, peinture d'une couleur à peine chantante, délicieuse vision dont on ne peut dire si elle est à peine naissante ou à demi-effacée, bibelot qu'on dirait extrait d'un tiroir du XVIIIe siècle, et qui sort, en réalité, d'un des fours que M. Dammouse allume parfois dans son jardin de Sèvres, pour la terreur des gens qui passent la nuit devant sa porte et la joie future des amateurs de tous les pays.

Le sentiment des lignes simples, de la belle matière homogène et des tons profonds triomphe également dans toutes les œuvres que contient la magnifique vitrine signée Delaherche. Dans ces vases de grès, pas une forme insolite, pas un relief violent. Et pourtant, pas un galbe banal, pas un profil stéréotypé. M. Delaherche fût toujours un potier véritable, un laborieux ouvrier, allant et venant dans son atelier de la Chapelle-aux-Pots, vêtu de son grand tablier de cuir, et il a toujours mis la main à la pâte de ses émaux. Mais il employait, d'ordinaire, un tourneur, auquel il dictait, chemin faisant, les formes de l'argile, à mesure que celle-ci s'allongeait, se ballonnait, s'étranglait, s'affaissait, ou filait en l'air. Maintenant, il tourne lui-même. Les grès de cette vitrine n'ont donc point passé par d'autres mains que les siennes. Et cela, avec la conduite du feu où il excelle et le secret des oxydés qu'il détient, font de lui un des plus accomplis maîtres potiers de ce temps.

Au balcon de l'avenue d'Antin, M. Lenoble est en passe de le devenir. Il expose pour la première fois des pièces d'un ton très sobre, d'un décor quasi barbare, d'une matière bien homogène, solides pour l'œil comme à la main, lourdes et douces au toucher comme des fruits mûrs, — qu'il appelle « poteries sableuses. » Elles sont faites d'une terre très chargée de fer et deviennent, par une très haute cuisson, des grès. Là encore, chez ce chercheur moderne, aucune recherche de « modernisme, » mais le sentiment qu'un objet d'art céramique doit être une matière que le travail et le feu ont rendue précieuse, une forme que l'instinct d'un rythme tranquille a inspirée, une couleur où la vue se repose, — non un étonnement d'une minute, mais une joie de tous les jours.

Ce sentiment a inspiré bien d'autres artistes et on le retrouve dominant dans les grès de grands feux de M. Carrière, dans ceux de M. Bigot, dans les dinanderies de M. Bonvallet et celles de M. Dunand, dans les cuirs repoussés de Me, le de Félice, les bagues de M. Brateau, les grès de M. de Vallombreuse et les meubles de relief très doux et de décoration très sobre de M. Jallot.

Et quand on passe du salon de l'avenue d'Antin à celui des Champs-Elysées, on n'entre pas dans une atmosphère d'art moins élevée ni moins pure. Sans parler de la vitrine où M. Lalique a mis ses admirables camées, ses broches et ses peignes, et où les pierres précieuses et les matières les plus humbles deviennent égales par la magie de l'artiste qui les fait toutes concourir à une œuvre de beauté, on trouve dans les vitrines des céramistes de fort belles collections décoratives. La plus considérable est celle de Sèvres. C'est, on le sait, une question sans cesse discutée, et sur laquelle on n'est pas près de s'entendre que la question de savoir si Sèvres est à la tête ou à la remorque du mouvement céramique moderne. Ses adversaires lui reprochent d'être toujours en retard, non seulement sur les manufactures des autres pays, mais encore sur les artistes isolés, qui, sans disposer de ses formidables ressources, travaillent à des œuvres semblables. Les défenseurs de Sèvres prétendent, qu'au contraire, notre manufacture nationale, par où ont passé la plupart de nos maîtres céramistes, a été l'initiatrice en tout. Et les uns et les autres ont raison. Seulement ils ne parlent pas de la même chose. Les uns parlent chimie, et les autres art. Et s'il est vrai que Sèvres fut toujours à la tête des découvertes chimiques, il ne l'est pas moins qu'il fallut toujours des étrangers ou des artistes nationaux travaillant hors de ses ateliers pour lui apprendre à s'en servir. Ainsi, notre manufacture nationale, capable de créer des merveilles, ressemble un peu à une fée au bois dormant. De temps en temps, on crie si fort qu'elle se réveille, comme elle le fit pour l'Exposition de 1900, et qu'elle étonne tout le monde par ses prodiges. Puis elle se rendort de son long sommeil. Cette année elle dort, et elle n'étonne personne. Mais on ne peut nier que ses vases a couverte de grand feu, avec décor bleu, par M. Lasserre, que ses grands vases signés de M. Bieuville, que le vase aux cristallisations dont M. Brandt a fait la monture, soient de très beaux objets d'art. Et la foule a des joies infinies à contempler le biscuit exposé au haut du grand escalier, et où M. Max Blondat a figuré les *Enfants aux grenouilles*. Ce sont trois petits enfants, juchés au sommet d'une grotte et enlacés, regardant, à leurs pieds, trois petites grenouilles enlacées qui les regardent. Ces six paires d'yeux attentifs et stupéfaits animent ce groupe de la façon la plus spirituelle. Qu'est-ce que ces grenouilles aux gros yeux saillants peuvent voir et quelle idée peuvent-elles se faire de ces enfants ? Quelles idées peuvent passer par ces têtes d'enfants devant le mystère de l'âme animale ? Et enfin, que voient au juste les yeux de la foule, fixés sur ces yeux d'enfants, fixés sur ces yeux de grenouilles ? — les uns vaguement amusés, les autres vaguement effrayés, les derniers enfin vaguement touchés par ce singulier spectacle…

A mesure qu'on avance sur les balcons, autour du hall, on découvre de nouvelles merveilles : les poteries de M. Emile Decœur, d'Auteuil, les reliures de M. Aumaître, les lustres métalliques de M. Marins Fourmont, de Tours, les pâtes de verre de M. Decorchemont, dont l'une, au moins, le verre aux algues, violacé sur fond verdâtre (N° 6) est un des chefs-d'œuvre de cet art fragile. Et quand on parvient tout au bout du balcon, du côté du Nord, on aperçoit dans une grande vitrine, venue de Copenhague, un essai de porcelaine cloisonnée peu lente jusqu'ici. Ces pièces d'une facture toute nouvelle, éclatantes dans leur armature d'argent ou d'or, parées, comme de gigantesques scarabées des admirables couleurs du grand feu, — le bleu, le vert, le rouge, le brun — sont dues à la collaboration du céramiste et de l'orfèvre. Elles sont signées des noms de deux artistes danois très connus : Mme Drewes-Koloed et M. Harold-Junel. Après les innombrables trouvailles des peintres de la porcelaine, il paraissait impossible de renouveler sa décoration. C'est aux compatriotes de la fameuse manufacture royale, sinon à elle-même, que cette chance était réservée.

Ainsi, quand on a fait le tour des salles consacrées à l'art et aux objets de la décoration intérieure, on est assuré que l'intérieur d'une maison moderne peut-cire nouvellement et magnifiquement décoré. Mais que sera celle maison moderne ? Où peut-on en voir un plan qui vous lente de la construire, une réalisation ou seulement une promesse ? Et si on ne peut les voir nulle part, à quoi nous servira tout le reste ? On nous a répété, sur tous les tons, qu'il n'y a pas de hiérarchie dans les arts et que

La mietto de Cellini

Vaut le bloc de Michel-Ange.

Elle le vaut, soit. Mais elle ne le remplace point. Or, il faut bien le dire : nous n'avons que des miellés d'art décoratif, que des détails, des ornements de la dernière heure. Nous n'avons pas encore les fondations qui les rendent utiles et désirables. C'est un signe de notre temps, en art comme en d'autres choses plus pressantes de la vie, que de vaquer d'abord aux détails, aux menus ornements, sans se soucier de ce qui permet au reste de se tenir debout et de durer. Le mouvement d'art décoratif a commencé par des cornets à mettre sur les étagères, par des bagues à mettre au doigt. C'est peut-être, là, le premier acte de la fondation d'une maison, d'un foyer, mais ce n'est pas le foyer encore. Voici, à la vérité, des derniers enchantements dont peut se parer une demeure : tapisseries de Morris, verres de Gallé, porcelaines de Chaplet, émaux de Thesmar ou de Dammouse. Tout est prêt de ce qui peut embellir la maison moderne. Il ne reste qu'à la bâtir.

ISBN : 978-1720619932

www.ingramcontent.com/pod-product-compliance
Lightning Source LLC
Chambersburg PA
CBHW070933220526
45468CB00005B/1756